20세기에서 온 편지

시조사랑시인선 08

이석규 시조집

20세기에서 온 편지

열린출판

20세기에서 온 편지

1판 1쇄 발행 2020년 7월 10일

지은이 | 이 석 규
펴낸곳 | 열린출판
등록 | 제 307-2019-14호
주소 | 서울특별시 성북구 솔샘로25길 28, 114동 903호
전화 | 02-6953-0442
팩스 | 02-6455-5795
전자우편 | open2019@daum.net
디자인 | SEED디자인
인쇄 | 삼양프로세스

ⓒ 이석규, 2020

ISBN 979-11-970404-3-6 03810

*책값은 뒤표지에 표시되어 있습니다.
*저자와 협의하여 인지를 생략합니다.

이 도서의 국립중앙도서관 출판예정도서목록(CIP)은 서지정보유통지원시스템 홈페이지(http://seoji.nl.go.kr)와 국가자료종합목록시스템(http://www.nl.go.kr/kolisnet)에서 이용하실 수 있습니다. (CIP제어번호 : CIP2020024139)

■ 서문

모든 예술가의 표본(標本)이 되는

柳聖圭
(세계전통시인협회 회장 · 시조생활 발행인)

　세계전통시인협회 고문이자 한국문단의 거두(巨頭), 현인(玄仁) 이석규(李碩珪) 시인이 『20세기에서 온 편지』라는 제목으로 대망의 시집을 낸다.
　이석규 시인은 한평생 공명정대한 이념과 심오한 철학으로, 모든 예술가의 표본(標本)이 되는 분이다.
　현인 이석규 시인은 언급할 사안이 하도 많은 분이라, 서두에서 그의 행적을 한 묶음으로 처리하고자 한다.

현인(玄仁)은
1. 철저한 기독교 신자이다.
2. 따뜻한 인간미의 소유자이다.
3. 학식(學識)을 겸비한 선비정신의 소유자이다.
4. 강력한 추진력의 해결사이다.

　현인의 야심작 『20세기에서 온 편지』는 눈 밖의 눈, 귀

밖의 귀를 가진 분이 아니고는 작품의 난해성 때문에, 그 진수를 꿰뚫기 어려울 것이다.

제목부터가 웅장무비한 『20세기에서 온 편지』 속의 시조들은 저마다 진주알처럼 빛나지만, 지면 제한으로 부득이 선별 처리키로 하였다.

섬세한 관찰력을 보여준 눈엽(嫩葉)을 감상하자.

> 동상(凍傷) 앓는
> 아이들은
> 겨울 강을 건넜을까
>
> 아직도 못 미더워
> 황사바람 자욱한데
>
> 상처로
> 진주를 빚는
> 저 어린 몸짓들

「눈엽(嫩葉)」, 전문

이 시 끝부분인 '저 어린 몸짓들'은 누구일까? 눈엽(嫩葉)이다. '嫩'은 어리고 연약하다는 말이다. 이 여린 잎새를 철저히 의인화시켜 상처로 진주를 빚는다는 대목은 놀라운 수사력이다. 그 여린 몸짓의 인고(忍苦)가 대견할 뿐이다. 여기서 눈엽은 인생고(人生苦)를 상징한다 할 것이다.

힘없고 가난한 자들이 이 혹독한 겨울을 견뎌내지 못하

면 죽을 수밖에 없는데, 용케도 아픔을 보람으로 바꿔내는 몸짓이 대견하다는 뜻이 내포되어 있다. 중국을 의식한 글 같기도 하다.

 듣는 시가 아니라 읽는 시를 구사한 작품 봄바람을 감상하자.

> 달거리 가시나들
> 가지 위에 모여 앉아
>
> 앞섶 풀고 흐드러져
> 온 동네를 사르더니
>
> 고 새에
> 수정(受精)을 했나
> 하염없이 꽃이 지네
>
> 「봄바람」, 전문

 '듣는 시'보다 '읽는 시'가 수사학상 상위에 놓인다. 봄바람을 의인화시켜, 그 봄바람이 앞섶 풀고 교태를 부려가며 온 동네를 통정(通情)으로 뒤흔들어 놓고는 대사(大事)를 마친 성취감을 만끽하지만, 다 끝난 뒤 텅 빈 공간 앞에서 허탈감은 견디기 힘들다는 것이다.
 여기서 '달거리'란 여자의 월경(月經)이다. '가시나'가 가지 위에 모여 앉는다는 난해성을 파악하지 않고는 이 시를 이해하기 어려울 것이다.

"하염없이 꽃이 지네"란 대목이 끝남의 빈자리에 대한 아쉬움으로 남는데, 이런 여운이 이 시의 특색이다.

극소(極小)로 극대(極大)를 창출한 시조를 감상하자.

> 하늘이 깊어가니
> 개울물도 여무지다
>
> 문명 속을 노닐 때엔
> 과향(果香) 한 줌 뿌려주자
>
> 사색이
> 노을로 타는
> 저 깊은 사색의 강
>
> 「가을빛」, 전문

음(音)은 극소(極小)요, 색(色)은 극대(極大)다.

이 시조에서 가을은 음(音)이 아니라, 색(色)으로 표현해 보려는 시도가 이색적이다.

일반 대중들은 고도의 예술작품이라도 그냥 읽고 끝나는 것이지만. 참된 예술가들은 읽는 것이 아니라 보는 쪽을 택한다. 곧 시를 읽는 쪽보다는 보는 쪽이 예술적 성취도가 높다는 말이다.

문명(文明)이 높아지면 시(詩)는 실색(失色)케 되는데. 이를 모면하려면 인공(人工)이 아닌 자연의 맛인 과일향내(果香)을 뿌려주어 사색의 산물인 시세계를 살려야겠다는 시인의 간절한 절규다.

영혼의 귀가 아니면 들을 수 없는 「겨울 산 -나무들의 이야기」의 일부분이다.

> 두터운 신뢰처럼 어둠이 쌓여오면
> 한 마음 따순 숨결 기도 속에 잠긴다
> 가지도
> 손에 손잡고
> 침묵 속에 눈을 감고.
> 「겨울 산 -나무들의 이야기」, 일부

겨울나무들은 한밤중 까만 하늘 아래서 기도소리에 심취(心醉)한다. 가지들은 손에 손잡고 조용히 눈을 감는다. 실로 격조 높은 고답적 시세계이다. 철저한 신앙적 산물이기도 하다.

예사로운 것을 특수화시키는 「아침 길 코스모스」의 시세계를 감상하자.

> 별들이 내려왔나
> 아침 길 코스모스
>
> 바람 불면 까르르
> 빨강, 하양, 분홍 웃음

저 멀리
　　쪽빛 하늘에
　　해님도 방긋 웃네
　　　　　　　「아침 길 코스모스」 전문

　코스모스, 참 예쁘다는 단 한 마디로 끝날 대목을, 별들이 내려왔다든가, 백(白), 적(赤), 분홍색(粉紅色)으로 까르르 웃는다고 노래했다. 섬세한 관찰력을 높이 사고자 한다.

　현인(玄仁)의 따뜻한 인간미 넘치는 작품을 감상하자.

　　율려(律呂)처럼 흥겨워라, 서설(瑞雪)이 흩날리네
　　바람은 살을 에는데 왜 이리도 포근한가
　　　　　　　　　　「당신을 만나는 날」 부분

　율려(律呂)란 율(律)의 음과 여(呂)의 음(音), 곧 음률(音律), 악률(樂律)의 의미로 음악을 이르는 말이다. 율려는 우리나라 최대의 대사전에나 나오는 매우 어려운 낱말 곧 벽자(僻字)다.
　십일월 늦가을 뒷마당에 고운 음악 소리처럼 눈이 내릴 때, 당신, 곧 부인을 만나면 바람이 살을 에는 듯 불어도 마음은 포근해진다는 지극한 애처(愛妻)의 노래다.

　현인(玄仁)은 한 마디로 정이 많은 사람이다.
　현인의 건강과 발전을 빌며 대미(大尾)한다.

■ 시인의 말

　나의 두 번째 시집인 동시에 첫 시조집인 『아날로그의 오월』을 2001년에 냈으니 참으로 오랜만이다. 뭐가 그리 바빴는지, 무엇 때문에 그리 인색했는지, 이제야 조그만 시조집을 엮어내게 되었다. 부끄럽기 그지없다.
　첫 시조집을 낼 무렵에는 인간의 삶과 현상 뒤에 숨어 흐르는, 보이지 않은 세계에 대하여 관심이 쏠려있었다. 그런데 20여 년이 지난 지금도 그에 대한 추구를 놓지 않고 있다. 다만, 조금 더 익숙해져 있고, 그런 만큼 여유도 어느 정도 생긴 것 같다. 우리가 하루하루를 살아가는 생활 속에서 겪는 소소한 일과 그 일의 파장과 그 의미에 대하여, 그리고 그 뒷면에 숨어서 바른 방향으로 통제하는 보이지 않는 진실에 대하여, 격물(格物)하고 해석하고자 하는 것이다.
　그리하여 '나'와 내가 가까이 알고 있는 사람들의 맥박과 숨결이, 생각과 느낌이 그리고 말과 행동이 어떻게 발현되고 이 세상에 어떻게 인과(因果)의 그물을 이루어 가는지, 더구나 그 뒤에서 역사하고 지배하시는 하나님의 손길이 얼마나 따뜻하고 위대한지에 대하여 보다 민감하게 체감하고 싶다. 할 수만 있다면 깊이 잠기고 싶다.
　물론 이러한 것들은 단지 지성을 통하여 인지되는 세계가 아니다. 인간의 더욱 근원적 본성 또는 영적 세계에서

감지되며, 논리 체계를 포함하면서도 그것을 넘어선 곳에서, 문득 깨우쳐지는 느낌 같은 것이다. 물론 매우 부분적이다. 그러면서도 핵심적이다. 때때로 조금 더 넓은 세계로, 더 총체적인 방향으로 저절로 연결되기도 한다. 그냥 믿어지는 것이고, 믿어진 결과의 확인으로 저절로 알게 되는 세계다.

그것은 주로 사람과의 관계, 일상생활에 관한 것이지만, 보다 근본적이고 영원에, 완전에 속한 것과도 견고한 결속으로 연결되어 있는 것 같다. 진실이고 아름다움이며 평안함이다. 감사함으로 넉넉함으로, 또는 말할 수 없는 그리움이나 충만함으로 출렁거리는 바다와 같은 것이다.

바야흐로 인공지능의 시대가 도래(到來)하고 있다. 코로나19 같은 바이러스가 더욱 극성을 부릴 수도 있다. 극단의 경우, 상상 못할 능력을 지닌 인공물이 사람의 탈을 쓰고 절대적 우상이 되어 인간을 지배하는 세상, 인간의 본성이 거세된, 물건들 중심의 세상이 되지 않을까 하는 염려가 앞선다. 실제로, 자칫하면 이 세상이 성정(性情)을 지닌 인간과는 거리가 먼, 불모의 동토(凍土)로 변할 수도 있기 때문이다.

나의 이 작고 부족한 시조집은, 나 개인의 소박한 진실과 서정을 보잘 것 없는 심미적 감수성으로 숨김없이 나타내 보이려고 하였다. 최소한 인공지능에 무지하던 20세기적

소소한 인정이 담긴, 가난한 마음을 모아 시조집으로 엮어 보았다. 아울러 산과 바다, 숲과 하늘 같은 자연의 아름다움과 그 의미에 대해서도 그 소중함을 진지하게 공유하고 싶다.

우리 민족의 유일한 정형시인, 자랑스러운 시조로서, 아이처럼 마음을 활짝 열고 싶었다. 많이 부족하지만, 독자 여러분과 서로 소통하고 공감하며, 우리가 잃지 말아야 할, 작은 기쁨을 나누는 데 한 마음이 될 수 있기를 간절히 소망한다,

91세의 고령으로 투병생활을 하시느라 쇠약해진 몸으로, 서문(序文)을 연필로 정성껏 또박또박 정자로 써서 보내주신 유성규 박사님의 제자 사랑에 충심으로 감사드린다. 평설을 써주신 원용우 박사님을 비롯하여, 시조 발전을 위하여 마음을 같이 하는 모든 시조 도반들께도 감사와 사랑의 마음을 전하고자 한다. 또한, 이 시조집을 읽으실 독자 여러분께도 미리 감사의 말씀을 드린다.

■ 차례

■ 서문: 20세기에서 온 편지__5
■ 시인의 말__11

1부 아직도 내 3월은

눈엽(嫩葉)__23
아직도 내 3월은__24
나의 4월__26
목련꽃__27
봄바람__28
통섭하는 오월__29
7월 장마 송(頌)__30
해월(海月)__31
가을빛__32
가을, 청평호 근처에서__33
늦가을 비__34
들국화를 바라보며__35
겨울 산__36
겨울, 어느 휴가__38
겨울 선운사__40

2부 비 오는 날

아침 길 코스모스__43
비 오는 날__44
내 마음__45
당신을 만나는 날__46
홍매화(紅梅花)__47
너를 보내며__48
새 봄 환상곡__49
오월의 우산 속__50
정이__51
수덕사(修德寺)를 지나며__52
붉게 타는 찔레꽃__53
장미떨기 송(頌)__54
시월의 발자국 소리__55
미루나무 숲을 지나며__56
원적지 근처에서__57

3부 생일 아침

봄 호숫가__61
두 돌잡이 준경이__62
세발자전거__65
하윤이, 첫눈을 뜨다__66
두 돌 하윤이 1__67
두 돌 하윤이 2__68
손주 3__69
손주 4__70
전철에서 만난 아기__71
생일 아침__72
준철이 결혼식 날__73
회갑을 넘는 당신에게__74
낙엽 2__75
숲속에서 나는__76
성서(聖書) 속을 거닐며__77

4부 초생달

봄비__81
봄날, 그리고 물__82
초생달__83
나의 어린 시절__84
춘천에서 만난 누나__85
우기(雨期)·1__86
바닷가 이미지__87
어린 날 하굣길__88
동짓날 저녁__89
봄내골(春川) 겨울__90
한 세월을 보내며__91
달항아리__92
대금소리 들으며__94
겨울 앞에서__95

5부 삼천리 금수강산

새 아침에__99
설악(雪嶽)의 아침__100
개천절 2019__101
배달 3__102
국토(國土)에게__103
삼천리 금수강산__104
시조(時調)__105
우기(雨期) 2__106
11월, 삼천리 이 땅은__107
평화의 종소리__108
달래강가에서__110
양수리 찬가(讚歌)__111
남해 찬가__112
기억 속의 제주 섬__113
옛 고향 설 무렵 __114
어느 외딴 섬에서__116

6부 용사의 손

노 철학자__119
용사의 손__120
아아, 이세돌__121
결 고운 샘물이 되어__122
난향(蘭香)으로 번지는__124
토기 같은 순박함으로__125
남해를 품으신 분__126
세월 저편에 잊은 사람__127
분실(紛失)__128
한계선 근처__129
민낯__130
정말 이럴 수가__131
먼저 간 벗에게__132
박찬옥 누님을 생각하며__133
김수환 추기경님 선종(善終)에 부쳐__134

7부 별이 빛나는 밤

설날 새벽에__137
새날이 가슴을 열 때__138
언제나 청년__139
사춘기 어른__140
목숨__141
별이 빛나는 밤__142
침묵__143
여름 숲에서__144
탈각(脫殼)의 계절__146
치통 철학__147
달밤__148
시대의 자화상__150
보름달을 바라보면__151
겨울나무__152
아날로그의 오월__155
연(鳶)__157

■ 평설: 밝고 온건하고 부드러운 시조세계__159

1부 아직도 내 3월은

눈엽 嫩葉

동상(凍傷) 앓는
아이들은
겨울 강을 건넜을까

아직도
못 미더워
황사바람 자욱한데

상처로
진주를 빚는
저 어린 몸짓들

아직도 내 3월은

짓누르던 한(恨) 덩어리
뉘 손길에 풀렸는가
이슬비 토닥거려 수액이 돌기도 전
봄 산은
그 큰 설움을
계곡으로 토해낸다

가장 어린 손이 겨울을 뚫는 오후
미리 나온 개구리가
오싹 눈감는다
노오란
핏방울 하나
배어나는 들판에서

피곤처럼 밀려오는 아지랑이 속으로
도란도란 봄 이야기

들판 가득 돋아오면

먼 시절

소몰이 가락

귀에 쟁쟁 맴을 돈다

나의 4월

몽글몽글 피어나는 연초록 그리움을
한낮의 햇살은 나비처럼 내리 앉고
4월은 갓 돋은 이빨로 하얗게 웃고 있다

사랑하면 장님 된다는 나는야 그 장님
험한 파도 넘고서도 환하게 웃음 웃는
사람아, 꽃비 속에서 늘 푸른 내 사람아

땅에는 샘물 솟는 태곳적 맥박소리
삶의 고단함은 명치 아래로 다독이며
배뱃종 멧새 울음이 하늘까지 높은 날

목련꽃

꽃잎의 진액에선
그리움이 검출된다

동상(凍傷)으로 외진 세월
씻고 씻은 자폐의 날(刃)

봄날에
촛불 켜드는
자살 같은 순수여

봄바람

달거리 가시나들
가지 위에 모여 앉아

앞섶 풀고 흐드러져
온 동네를 사르더니

고 새에
수정(受精)을 했나
하염없이 꽃잎 지네

통섭하는 오월

문명이 사태진 골
일어나는 저 함성은
이제 막 부활을 끝낸 겨레의 속살이다
서로들
춤을 추려고
팔들이 돋아난다.

시간의 시원(始原)에서
물결 타고 흘러오는
사랑은 끝이 없다
온 마을이 다 젖는다
조화옹
푸른 웃음에
청개구리 오줌 싼다.

7월 장마 송頌

한 줄기 바람 뒤에 후두두둑 빗소리
연이어 주룩주룩 시원한 비의 리듬
얼마나
기다렸던가
장마로세, 장마야!

하늘이 가슴 열고 은하수를 뿌려댄다
가로수 논과 밭은
별 떨기로 반짝이고
콩대며 옥수숫대가 허리 펴고 춤을 춘다.

한 열흘 이 땅 곳곳 골고루 내리시면
개울물 강물들은 넘치도록 흘러가고
마지막
운우(雲雨)의 정은
무지개로 장식하리.

해월 海月
  -칠암 앞바다에서

어둠속
꿈의 군무(群舞)
윤슬들이 부딪치고

환희의
미풍 속에
저 바다가 몸을 푸네.

황금 물
뚝뚝 흘리며
치솟는 저 달덩이!

가을빛

하늘이 깊어가니
개울물도 여무지다

문명 속을 노닐 때엔
과향(果香) 한 줌 뿌려주자

사색이
노을로 타는
저 깊은 진실의 강

가을, 청평호 근처에서

풀벌레 울음 우는 청평호 숲길 따라
대추알 붉어지는 한낮의 모롱이에
갈꽃의 웃음소리가 물결처럼 출렁인다.

부신 듯 부드러운 솜구름 몇 점 뜨고
하늘은 깊고 그리움은 더욱 깊어
잠자리 날갯짓마저 물결치듯 아파 온다.

토실한 알밤 줍던 어린 날 한 갈피가
분홍, 자주, 하양, 빨강 코스모스 눈빛 같아
가슴에 너를 안는다, 울음까지 안아버린다

물고기도 살 오르는 푸르른 강변으로
무언지 소중한 게 쌓이고 또 쌓이고
손끝에 온몸이 출렁, 내 가을이 출렁인다

늦가을 비

하늘도 가슴이 젖나, 바람이 차가운데
한숨 같은 가을비
비가 내린다
옷 벗은
산수유 혼자
젖꼭지를 떨고 있다

그리운 이 멀리 두고 또 하루를 접는다
먼 벌판 변두리로 어둠이 다가오면
시대의
메마른 가슴
껍질이 젖는다

구르던 낙엽이 젖고 TV 안테나가 젖고
모두들 눈을 감고 지하도로 몰려오면
계절도
한 치 안쪽은
외로움에 떨고 있다.

들국화를 바라보며

당신이 꺾어 보낸 들국화를 바라보면
내 가을 실핏줄에
한 모금 슬픔이 돌아
호수에
밤이 내리듯
가슴이 깊어진다

두 눈을 꼬옥 감고 잠을 자려 했지만
뿌리만 남아있는 들꽃들의 숨소리
그 엷은
삶의 음색이
마음 가에 찰싹댄다

네 손길 닿는 곳에
물길이 열리는가
잔가지도 팔 벌리면 하늘이 넓어지듯
이렇게
이렇게 많이
내 안에서 거듭나라

겨울 산
-나무들 이야기

1
눈 내리는 겨울 산에 나무들이 모여 산다
온종일 조용조용 주고받는 얘기 소리
등성이
골짜기 가득
안개인 듯 정분(情分)인 듯

두터운 신뢰처럼 어둠이 쌓여오면
한마음 따순 숨결 기도 속에 잠긴다
가지도
손에 손잡고
침묵 속에 눈감는다

2
설백(雪白)에 천지백(天地白)이 석고처럼 차가운 밤
햇살 같은 달빛이 숲 속 가득 젖어들면
나목들
환한 드레스

왈츠 추는 꿈길 속

3
삽시간에 퍼져버린 첫 아침 그 햇살에
솔솔솔 바람 소리
돌돌돌 골물 소리
잔가지
언 살 속으로
실핏줄도 열릴 듯

겨울, 어느 휴가

작은 펜션 뜰 앞으로
얼음 속에 골물 소리
기억의 문 틈새에 새 꿈이 돋는 소리
시간도
벗들 앞에선
발걸음을 되돌린다

어느새 어둠이 빙 둘러 진을 치고
나무들은 눈을 이고
설화 속에 묻혔어라
그 위로
자꾸 눈 내리고
내려서 또 쌓이고…

어디선가 늑대울음 들린 듯 안 들린 듯
도란도란 이야기로
가슴 녹는 이 밤에
詩보다

쫄깃한 정이
정밀(靜謐)처럼 둘러선다

겨울 선운사

눈 내리는 선운사 외로운 숲길 따라
수만 겹 독경 소리 보일 듯 만져질 듯
산문(山門)에
나그네 모습 역사처럼 흐릿하다

한세월 구비 돌아 동백나무 천년 숲에
종소리 여운이 전설처럼 지는 저녁
열여섯
아픈 치정이 빨갛게 곪아간다.

2부 비 오는 날

아침 길 코스모스

별들이 내려왔나
아침 길 코스모스

바람 불면 까르르
하양, 빨강, 분홍 웃음

저 멀리
쪽빛 하늘에
해님도 방긋 웃네

비 오는 날

토닥토닥 빗소리엔
예쁜 맘이 숨었나 봐

창밖엔 무지개가
그림같이 떠오르고

전학 간
짝꿍 생각이
교실 안에 가득 찬다

내 마음
 -지음(知音)에게

속귀를 에워싸는 풀벌레 울음처럼

쏟아져 내려오는 옥저(沃沮) 하늘 별무리가

오로지 너를 향하여 쉬지 않고 반짝인다

당신을 만나는 날

쓸쓸히 떠나가는 십일월 뒷마당에

율려(律呂)처럼 흥겨워라, 서설(瑞雪)이 흩날리네

바람은 살을 에는데 왜 이리도 포근한가.

홍매화 紅梅花

잔가지 두세 가닥
찬바람에 떨고 있다

손 모아 꼭 감은 눈
속눈썹이 파르르

터지는
진홍빛 울음

겨울이 찢어진다

너를 보내며

마음을 비운다만 네 손 놓긴 정말 싫다
연초록 비단 같은 봄 강물이 흐르는데
한 마음 담았던 자리 바람이 새고 있다

새 봄 환상곡

겨우내 잔뿌리들 언 땅에 갇혔더니
어린 잎 뽀얀 속살
젖 내음이 감돌고
가지는
등불 켜들고
하늘하늘 춤춘다

묵은 가지 꺾이는 소리 꿈결인 듯 고요해라
연둣빛 풍선을 들고 행진하는 병아리 떼
어느새
큰 물결 되어
하늘까지 내닫는다

오월의 우산 속

초록빛 바람 속에
초록빛 비를 뚫고
우산 속 뛰어들어 팔짱 끼는 사람아
머릿결
연초록 향이
코끝을 스치운다

우산에 떨어지는 나직한 빗소리는
감성을 다독이는
당신의 숨결 같아
어린 날
이야기 속으로
풍덩 뛰어 들어간다

정이

장마 끝에 언뜻 뵈는 옥색 하늘 그 빛깔
비탈길 달려올라 숨가쁜 일상을
두 팔로
보듬어 안는
달무리 숨결 같아

세월도 얼어붙은 인정의 동토에서
아득히 떠오르는 네 모습 그 둘레로
햇살은
엷게 퍼지고
그리움 살랑 일고…

피리 불듯 나직이 네 이름 불러보면
내 마지막 서정에 늦가을 비는 뿌려
연갈색
낙엽의 꿈이
젖고 있는 영혼의 뜰

수덕사修德寺를 지나며

수덕사를 지날 때 이슬비가 내렸다
하나둘 다가서는 다정한 옛사람들
먼 기억
그리운 날들이
우연(雨煙)처럼 피어난다

찻집이 된 여관 뜰에 시정(詩情) 같은 낙수 소리
찻잔을 마주하고 이야기에 빠져들면
시간은
열차를 타고
설화 속을 달려간다

붉게 타는 찔레꽃

먼 세월 둑 너머에 꿈 많던 여자아이
산마을 뻐꾹 소리 실낱같이 외롭던 날
비갠 뒤
낙조에 빠져
불새가 되었다네

자갈처럼 대글대글 부대끼는 생활 속에
진실에 밑줄 긋고 흩뿌리던 진홍 눈물
오늘은
토담장 위로
송이송이 타오르네

장미떨기 송頌

한겨울 눈보라에
숨 못 쉬던 작은 뿌리
새날의 아우성을 끌날로 솎아내고
오뉴월
등허리 위로
흥건히 피 흘리다

한 천년 맺힌 비원(悲願)
비우고 닦으면서
겹겹이 손 비벼서 빚어낸 결정(結晶)이여
그 깊은
하늘 그리움
노을 빛 머금었네

꿈꾸는 네 입술은 반짝이는 별의 노래
멀리서 가까이서 땅 울리는 진정으로
속울음
지긋 누르고
간곡히 팔 벌리다

시월의 발자국 소리

낙엽은 시(詩)여라
황혼 속 노을 보라
숙명의
저 능선 위로
그리움이 익어가고
하늘은
맑은 눈빛을
은행알 속에 갈무리한다.

들릴 듯
또 들릴 듯
미소처럼 조용한 밤
억새꽃 무리 너머 머릿결 휘날리던
그 사람
뒷모습 같은
시월의 발자국 소리

미루나무 숲을 지나며

미루나무 숲 근처를 웅크리고 지나노라면
어디선가 수런수런 속삭임이 들려온다
"아가야
바람이 차지?
뿌리를 가까이 해!"

얼어붙은 강물 위로 눈보라가 몰아쳐도
시린 눈 찡긋대며
"어때 견딜만하지?
이렇게
손을 잡으니
가슴이 따뜻하지!"

하늘은 차갑고 구슬보다 더 파랗고
푸드덕 철새 떼가 남녘으로 날아가도
뽀얗게
피어오르는
속삭임이 포근하다.

원적지 근처에서

꿈속에서 나는 노상 무언가를 찾고 있다
여길 봐도 보이잖고 저길 봐도 빈 달력뿐
달 가고
구름이 가도
알 듯 알 듯 애만 타네

수평선 저 너머로 숨어버린 시간일까
나직한 개여울 노래 반딧불이 춤을 추고
황혼이
불타오르는
그림 같던 그 마을은

습기 어린 바람 불어 가슴을 적셔오면
벗들 함께 웃고 울던 주머니 속 이야기가
내 영혼
근원에선가
아득히 울려온다.

3부 생일 아침

봄 호숫가

빗속에 봄 햇살이 구름을 뚫는 아침
호수 위 윤슬마다 잎새 위 이슬마다
해님을
잉태했구나,
실버들도 춤춘다.

두 돌잡이 준경이

1
마늘 코
빨간 두 뺨
사과같이 반짝 반짝

털 복숭이 강아지 인형
고사리 손에 끌어안고

눈동자
영롱함 속에는
꿈의 요정이 살고 있지

2
"나비야 안녕-", 모든 것이 다 반갑고
"참새 안녕, 다람쥐 안녕" 모든 것이 섭섭하지

5초면
잊어버릴걸

안 가겠다고 떼를 쓰지

준경이, 할아버지와
오리에게 까까 주면

기쁨 반 놀라움 반
"하바지, 오리 까까 던져!"

눈 가득
환성을 담고
깡충깡충 으쓱으쓱

3
실바람 고운 가락에
감았던 눈 반짝 뜨고

햇살을 사냥하듯

세상구경 정신없네

엄마 품
하나님 품에서
봄 숲처럼 자라거라

세발자전거

손주가
세발자전거 타고
모스크바로 살러갔다

애비 따라 갔다가
5년 후에야 온단다

내 인생 전체보다도
더 아득한
5년 후

하윤이, 첫눈을 뜨다

수면 위에 퐁당~ 조약돌이 떨어진다
하늘 먼 둘레까지 파문이 밀려간다
아기가 첫눈을 뜬다, 제 세상을 활짝 연다

두 돌 하윤이 1

엄마는 봄 동산에
노랑 빨강 고운 웃음

아빠는 숲길 따라
반짝이는 초록 물결

하윤인 꽃비 맞으며
컴퍼스 춤을 춘다

두 돌 하윤이 2

두 돌배기 하윤이가
차 속에서 하는 말

'냄새 좋다
따뜻한 냄새
밖에는 차가운 냄새'

유월의
패랭이처럼
빛나는 고 입술

손주 3
- 다섯 살 하윤이

냇물 속 햇살처럼 장난질 여념 없네
몸짓마다 피어나는 꽃송이 꿈 송이들

밤톨로
여무는 소리
내 가슴 울려오네

손주 4
    -열다섯 살 준경이

시오리를 26분에 달렸다며 빙긋 웃고
할아버지 손을 잡고 귀 쫑긋 모아 듣지

핏줄로
쌓이는 정이
차곡차곡 두텁구나

전철에서 만난 아기

유모차에 아기가 환하게 웃고 있다
옹알옹알 옹알대며 흔드는 고사리 손
내일의 동량을 보며 승객들도 손 흔든다.

생일 아침

이른 아침 아내는 미역국을 끓인다.

쇠고기를 썰어 넣고 조선간장 간을 본다.

두 사람 작은 기쁨이 보글보글 끓고 있다.

준철이 결혼식 날

둘이 서로 손을 합쳐
새 하늘을 그려낸다

햇살 환한 너희 날이
눈앞에 펼쳐지고

뜨락엔
은총이 가득

주먹도 꼭 쥐었으리

회갑을 넘는 당신에게

사춘기도 어려운데
늙기는 힘 안 들겠나

아침에 곱던 얼굴
저녁놀 물이 드네

오로지
순리에 사는
나뭇잎을 닮는구려

낙엽 2
   -아버지의 병상 곁에서

낙엽을 들여다보면
속삭이는 빗방울들

지나온 순간마다
꽃봉오리였다고

뿌리로
돌아가는 길엔
노을도 불탄다고…

숲속에서 나는

꽃이 된다
나무가 된다
나비되어 춤을 춘다

옹달샘에 담겨 있는
풀숲 사이 구름이고

한밤엔
달빛에 취해
시조 읊는 풀벌레다

성서聖書 속을 거닐며

창세 적 시냇물이 반짝이며 흘러가고
바람에 실려 오는 인간들의 하늘 얘기
나 어찌 초대를 받아 이 비경(祕境)을 유람하나.

따뜻한 한 마디와 진정 어린 그 손길에
소경이 눈을 뜨고 앉은뱅이 일어선다
가슴을 짓누르던 한(恨) 봄눈처럼 스러진다.

손과 발에 못 박히고 십자가에 달려서도
저들이 몰라서라고 그들 위해 비는 사람
모든 죄 홀로 지고서 몸이 죽은 참 못난 분

모든 물은 낮은 곳에, 모든 영광 바보에게
족쇄가 풀리는 소리, 봄 강물의 함성 소리
그 사랑 그 능력 말고 그 누구를 따르리.

4부 초생달

봄비

산골짝 잔설(殘雪) 위에
토닥토닥 빗소리

가슴 젖는 대지는
세포마다 창을 열고

마른 풀
대궁이 속에
어린싹 물 긷는 소리

봄날, 그리고 물

땅 속 깊은 먼 곳에서
아주 조금씩
배어나는

연둣빛 그리움에
아이 밴 버드나무

억 년을
해는 솟았니라
너 하나를 적셨니라

초생달

온 가족 둘러앉아 저녁 먹던 어린 시절
사랑채 지붕 위로 방긋 웃던 초생달은
아직도 지니고 있는 내 영혼의 순결 한 잎

나의 어린 시절
-1.4 후퇴 때

엄마가 쓰러졌다 식구들이 흩어졌다
애들만 오밀조밀 고아원 새 식구들
조그만 주먹밥 먹고 하루 종일 놀았다

* 아홉 살 때였다. 1.4후퇴를 당했는데, 밤중에 피난 행렬 속에서 수류탄이 터져 어머니가 파편을 맞으셨다. 한 번 손을 놓치면 다시는 만나기 어려운 상황에서, 나는 가족을 놓치고 헤매다가 얼마 후 혼자 고아원에 들어갔다. 늘 배고프고 가족들 생각에 서럽고 외로워서 몰래 울었다. 그래도 같은 처지에 있는 애들과 비슷한 아픔을 품고 종일 놀았다. 2년 후 극적으로 가족을 만났다. 그때를 생각하면 애틋한 그리움에 가슴 한켠이 아파져 온다.

춘천에서 만난 누나

봄 '춘' 내 '천'
'봄내'란 뜻이란다

초록빛 고운 호수
흰 구름 떠도는 곳

누나의
샘물 빛 웃음
햇살도 장난치네

* 나의 고향이기도 한 호반의 도시 춘천은 틈만 나면 찾아가 보고 싶은 곳이다. 드넓은 호수와 섬, 그 둘레의 숲, 봉의산과 소양강 줄기… 굽이굽이 모두가 정겹고 아름답기 그지없다. 금년에는 시조시인들과 의암호 일대를 관광하면서 문득 어릴 적 누나 생각이 났다. 투명하게 기억나는 착하고 다정하던 누나의 모습, 그 모습을 그려보고 싶었다.

우기 雨期 · 1

어린 날 잃어버린
유리구슬 문양 속에

전생의 그림자를
나도 몰래 숨겼던가

애절히
부르는 소리

여름내 비가 온다

바닷가 이미지

물새들 겅둥겅둥 모래 위를 걷고 있다.
바람이 달려가다 바닷물에 발 적시면
어머니 남색 치마에 어린 날이 출렁인다.

어린 날 하굣길

머언 숲 빙 돌아 집에 가던 하굣길
도로변 전봇줄은 갈래갈래 뻗어가고
아이들 깔깔거리며 피곤한 줄 몰랐지

등어리 책 보따리 덜컹덜컹 도시락 소리
산기슭 적송무리 어둠 속 용틀임에
들판도 언덕 모서리도 불쑥불쑥 일어섰다

아무리 들어도 듣기 좋은 네 목소리
은빛 성호 그리듯 꿈길 속에 부드럽고
별빛은 개구리울음에 조각조각 부서졌다

반딧불이 반짝이는 시냇물을 건너서면
샘밭 골 초가마을 고담(古談) 속에 묻히고
뒷산엔 콩 나무 자라 하늘까지 닿았다

동짓날 저녁

어릴 적
눈이 온다
사락사락 속삭이며

문명도
가만가만
목소리를 낮추는 밤

동화 속
화롯가에는
이야기가 익고 있다

봄내골春川 겨울

봄내골에 다가가면 코언저리 싸한 내음
어스름 먼 숲 위로 꿈의 촉수 뽀얗고
가슴엔
시간의 강물
전설 속을 흘러라

호반의 안개 속에 그 날들이 문을 연다
하늘에는 꼬리 연 웃음소리 쟁쟁하고
까치집
성긴 틈새로
찬바람이 새고 있다

산 같고 바위 같던 구순(九旬)의 내 아버지
질곡도 여한도 세월 속에 씻겼노라
그래도
핏줄이 아파
봄내 슬피 흘러라

한 세월을 보내며

파도치는 밤하늘에 칼새처럼 떠는 영혼
그 여린 팔 잡아주던 두툼하신 당신 손에
두 볼은 햇살 받으며 발그름히 물들었지

메마른 대지 위로 개울물이 길을 트듯
큰형처럼 앞장서던 당신 모습 그리며
내 세월 경건 속으로 마음 가득 달려왔지

이제는 손 놓는 거야 위엄 서린 겨울나무,
줄기에서 떨어져서 훠이훠이 춤추는 거야
저 하늘 노을 속으로 수리처럼 나는 거야

달항아리

어린아이 팔을 벌려
이 만큼
이 만큼 더

달무리로 번져가는
뻐꾸기 저 울음은

둥기둥
날아가고픈
하늘나라 춤사위여라.

한 백 년 갇힌 세월
비원(悲願)마저 여위던 날

구름 같은 가슴 속에
뿌려놓은 씨앗이여

아리랑
내 아리랑이
하늘가를 돌고 있다.

대금소리 들으며

다소곳이 고개 숙인 버들잎 고운 아미
취구에 살짝 닿은 석류입술 더운 숨결
이 땅에
물길을 열던
그 소리로 흘러라

저고리 소매 따라 치마폭을 감돌다가
버선코 차고 올라 풍경 함께 춤을 추며
처마 끝
곡선을 흐르는
천상의 선율이여

청사(靑史)를 가르면서 천년을 우린 물빛
벽옥색 바닷물로 출렁이는 꿈을 싣고
겨레의
혼불이 되어
하늘까지 사무친다

겨울 앞에서

구르는 낙엽에는 빗소리가 묻어 있다
환웅님 하늘 열던 숨소리가 듣고 싶다
가슴에 노을빛 잔상이 잦아드는 12월에

5부 삼천리 금수강산

새 아침에

동이 튼다, 먼동 튼다 눈 내린 숲 저 너머로
모두가 왕이 되려는 어둠의 골짜기를
새도록 기어 올라와 숨 고르는 이 아침

겨레의 마음 모아 소금*을 고르듯이
푸른 피 한 방울로 손 흔드는 나뭇잎들
태양은 산마루에서 심장을 꺼내든다.

흰 자갈에 찰랑이는 청계천 그 물길로
외로움 한 올 한 올 손 잡아 이어 붙여
이제는 잠기운 떨치고 예지어린 눈을 뜨자

새 아침 싣고 오는 만선(滿船)의 노랫소리
타오르는 장작불에 가마솥이 끓는구나
가슴에 한강물 흐르듯 한류여, 흐르거라

*레위기 2:13

설악雪嶽의 아침

어둠 속 나무숲은 큰 산의 품이 된다
종알대던 계곡물은 얼음 밑에 엎드리고
설악은 눈을 맞으며 깊은 밤을 지킨다

새도록 가부좌 틀고 정밀(靜謐)에 든 봉우리들
비워서 텅 빈 가슴 침묵조차 무거워라
억년을 쌓은 기백은 구름으로 감추었네

눈 그치자 여명이 조금씩 창을 열고
온화한 새 하늘은 빛의 물결 퍼붓는데
화강암 굳은 의지는 굽힐 수가 없어라

가슴에 쌓인 눈은 홍익인간 하얀 세상
부엉이 날다람쥐 온갖 생명 품에 안고
퍼지는 햇살 따라서 새 나라를 열고 있다

개천절 2019

태풍이 휩쓸고 간 경복궁 뒤 인왕 자락
구름을 헤집으며 잠깐 비친 햇살에도
바위는 흰 옷을 입고 환하게들 웃고 있다

광장 앞 세종대왕 옥좌 위에 좌정하고
그 아래 큰칼 잡은 충무공의 호연 기상
저 멀리 남대문 넘어 한라까지 휘덮는다

사방에서 밀려온다, 광화문에 남대문에
제 스스로 모여들어 서로 함께 부르짖는
수백만 깊은 함성은, 자유 민주, 바른 나라!

화염병 쇠파이프 어느 것도 볼 수 없고
종이 한 장 뒹굴지 않는 새 시대의 어진 백성
한 마음 나라사랑에 타오르는 단심(丹心)일례

배달 3

박달나무 안테나에 부엉이가 앉아 있다

많은 것을 듣다 보니 말은 더욱 적어지네

시뻘건 대낮인데도 아무것도 못 본다네.

국토國土에게

기억하나, 바람 속에 살 오르던 햇살아
수건 질끈 동여매고 손바닥에 침을 뱉던
그 남정 헌걸찬 웃음이 솟아나던 샘터를

별밤을 좋아했지 오지랖이 큰 여인아
숲가에 물 흐르면 경건을 닦고 닦아
풀벌레 울음 안에서만 씨를 받던 사람아

모래톱에 쌓인 세월 강물은 흘러가고
포탄을 먹고 살던 그 하늘도 다 지난 뒤
마지막 공해의 바다에 몸을 던진 사람아

꿈속엔가 내 여인이 남의 애를 배었더니
눈을 뜨니 울면서 내 아이를 떼려 하네
긴 목을 서로 비비며 하늘까지 닿았건만

삼천리 금수강산

햇살은 투명하고 사계절이 뚜렷하다
어느 골물 마셔 봐도 달콤한 물맛 하며
어느 땅 씨를 뿌린들 열매 아니 풍성할까

먼 산이 높고 높아 맑은 물 휘어 도네
인삼과 사과 채소 이방(異邦) 것과 비교하랴
젖과 꿀 넘쳐흐르는 이 땅이사 가나안땅

선조들은 이 강산에 거룩한 꿈 심으셨네
모두들 일손 모아 조금조금 쌓아 가면
'괜찮아 잘 될 거구만!' 나직한 그 목소리.

일하고 또 일해서 반세기에 이룬 탑에
아날로그 숲을 돌아 한류가 춤을 춘다
하늘에 바다와 땅에 진동하는 합창소리

이제는 어딜 가도 잔잔한 자신감이
천의(天衣) 입은 겨레 얼이 세월을 꿰뚫으니
한마음 진정을 모아 새 시대를 열리라

시조 時調

바람 속에 내 영혼이
이삭처럼 머무는 곳

사(思)와 감(感)을 모아 담는
자그마한 오지 그릇

겨레의
만년 숨결이
혈관 속을 돌고 있다

우기雨期 2

도심의 한복판
집회 시위 소음 속에

모두의 뿌리를
소리 없이 적시며

겨레의
양심이 아파
비도 함께 울고 있다

11월, 삼천리 이 땅은

애태우다 말라버린 잎새들을 내려놓고
이 땅의 모든 산은 침묵으로 말을 한다
억새꽃 남은 회한만 바람 속에 흩날린다

저미는 가슴 틈새로 저녁노을 찾아들면
친구여 섬과 섬은 무엇으로 하나가 되나
하늘이 무너져 내리는 이승의 강가에서

제 몸을 물어뜯는 전설 속의 뱀이 되어
가슴과 가슴들이 따로 아픈 이 저녁에
그래도 이겨야 하는 억척스러운 겨레여

임을 여읜 마음인들 이보다 허망하랴
속없는 별들끼리 가슴을 포개누나
꺼져라! 탐욕의 병마 삼천리 이 땅에서

평화의 종소리

뎅- 하는 한 울림이 3분인가 3겹인가
중국군 3만 명에 아군 적군 민간인까지
몸 잃은 10만의 넋 파로호의 통곡 소리

섭리에 태어나고 정성으로 키운 생명
긴 기도와 오랜 인고 뼈저리게 소중한데
이념 뒤 숨은 탐욕이 이리도 무섭던가

원혼들의 피울음을 생가슴에 묻으며
60여 년 녹슨 탄피 눈물로 닦고 씻어
하나의 도가니 속에 순정으로 녹여내다

고르비*를 비롯하여 만국 정상 손도장에
30여 국* 진혼의 뜻 한데 모은 염원으로
참전한 이디오피아*까지 울림으로 번져가네

시골 군수 정갑철님* 거룩한 나라사랑
사람마다 손 모으니 하늘 땅도 함께 우네
새날의 평화의 종소리 영원까지 울리리라.

*고르바초프를 비롯한 세계 정상 수십 명의 손도장이 새겨져 있다.
*세계 분쟁지역의 탄피를 모아 종을 만드는 재료로 썼다.
*타종 값을 모아 6.25 때 참전했던 이디오피아의 후손들에게 장학금을 보낸다.
*화천 군수였던 그는 종을 만드는 데 앞장섰다.

※평화의 종은 무게가 9999관인데, 평화가 이루어지는 날 1관을 보태 10,000 관으로 세계에서 가장 큰 종을 완할 것이라고 한다.

달래강가에서

달래강가 매운탕 집 메기 먹다 관격이 들어
아픈 배 움켜쥐고 구르다가 또 설설 기다
한 마리 황새가 되어 광막 하늘 날아오르다.

나라 잃은 악성(樂聖) 우륵 두루 삼천리 방랑 끝에
뜻을 지닌 진흥왕의 큰 가슴에 깃을 접고
통일의 염원을 담아 둥기 둥 가야금 타다.

가락국 남은 설움 달래강은 흘러 흘러
겨레의 마음 섞듯 남한강에 피를 섞다
큰 흐름 배달의 젖줄 그렇게 길 열었네.

충주 벌 가로질러 대문산을 감아 돌아
한류(韓流)의 하늘 아래 그날의 가야금 소리
탄금대 여울목 돌아 함성으로 일어서다

양수리 찬가讚歌

펄펄 꽃잎들은 양수리에만 흩날린다
물결은 태고에서 아득히 흘러오고
수종사 종소리 울어 섭리가 눈 뜨는 곳

한 줄기 강물로도 얼마나 큰 기적인데
기슭엔 풀뿌리들 찰랑찰랑 젖어들고
아, 저기 남한강 북한강이 한 맘으로 몸 섞어라

21세기 지금도 하늘에는 하루살이 떼
장터거리 오일장은 웅성웅성 날 저물고
물 건너 연꽃 그늘엔 반딧불이 꿈을 꾼다.

휴대폰 스크린 속에 연인들이 손을 잡고
어제와 이제가 모여 강강술래 춤을 춘다
노을빛 감동에 젖어 하늘 백성 사는 마을

남해 찬가

수평선에 곰실곰실 작은 산들 둘러서고
옥 물결 치마폭이 햇살 아래 반짝인다
꿈속에
그리던 그림
신께서 이루셨네

아기섬 가물가물 꿈꾸는 물결 위에
하늘은 파랗고 마음은 더 파랗고
소박한
가슴들 모여
시(詩)의 마을 일구었네.

바람이 부드럽고 눈이 와도 포근한 땅
골짜기 갈피마다 눈길들은 더 따뜻하지
그 품에
치마폭 쓰고
몸 던지고 싶어라.

기억 속의 제주 섬

눈 쌓인 한라산 음울한 구름 아래
갈 꽃 긴 목
바람의 울음소리
저만치 산에만 오는 진눈깨비 내린다.

헝클어진 무덤 둘레 돌 울타리 무심하고
멀리 인가 몇 채
역사 속에 가물가물
눈이 큰 들소 몇 마리 마른 풀을 뜯는다.

옹기종기 꿈을 모은 제주섬 고운 '오름'
파도 같은 디지털 내음
밀려갔다 달려오고
아득한 아스팔트 길 지팡이 든 승려 하나.

옛 고향 설 무렵

1
설이 되면 고향 찾는 날갯짓이 간곡하다
산 고개 구비 돌아 우마차 길 한가롭고
집집이 밥 짓는 연기 모락모락 오르는 곳

느티나무 오리 둘레 설화 속 초가마을
밤나무 까치집은 그림 속에 평화롭고
인정과 찬성의 웃음이 얼굴마다 번지는 곳

2
도회에서 몰래 낳은 검은 자식 등에 업고
오랜만에 뿌리 근처 옛 사람들 손잡으면
내밀한 촉감을 통해 전해오는 삶의 통증

껍질을 껍질로 감춘 메마른 위장(僞裝) 위로
잃어버린 삼층천(三層天)이 왜 그리 슬프던가
호적에 삭제된 이름들 오늘 다시 찾고 싶다

3
지쳤다는 생각조차 드러내기 힘들 때도
그곳에는 또박또박 봄이 오는 발자국
내 마음 텅 빈 공간에 찰삭찰삭 물오르리.

긴 침묵 털어내고 거울보다 환한 날이
놓쳐버린 세월의 소중한 갈피로부터
부스스 해당화 송이로 눈 비비며 일어서리

어느 외딴 섬에서

수평선 너머 작은 섬 동백나무 우거진 곳
달래듯 어루만지듯 잔파도가 찰랑인다.
해신(海神)이
낮잠 속에서
보얀 꿈을 그리는 곳

파도소리 들으며 동화 속에 잠기어
양수(羊水) 속을 유영하듯 뻘밭에 배 비비던
조개들
사랑 이야기
피어나는 그림 속

세상 속에 잃어버린 어리던 날 그 둘레를
우산 위에 토닥이는 빗소리가 일깨우네
하늘과
바다가 만나
살을 섞는 근처에서

6부 용사의 손

노 철학자
  - 96세 김형석 교수 강의를 듣고

곧은 자세 밝은 음성 배어나는 깊은 연륜
삶의 영역 유지하며 매일매일 배우라고

마음이 사람이라는 걸
보여주고 계시네.

지금은 너무 바빠서 연애생각 못한다고
2년 후 98세 되면 광고를 내겠다고
얼굴엔 함박꽃 웃음

표표히 길 가시네.

용사의 손
  -석탄 박물관에서

살겠다고 목숨 걸고 석탄을 캐어냈다
삼년 만에 지하 1킬로 땅굴을 벗어난 손
비누질 열흘을 닦아도
지워지질 않았다.

살갗을 파고들어 뼛속까지 물든 분진
사진틀에 걸려 있는 마디마디 이끼 낀 손
모두들 머리 숙인다
하얀 손이 부끄럽다

아아, 이세돌
 -알파고와 4번째 바둑대결을 보고

인공지능 알파고와 반면 앞에 마주서다
1초도 어김없이 반상을 뚫는 눈빛
지능과 직관을 넘어 젖 먹던 힘 쏟아낸다

처절한 혈투 속에 3연패를 당하고도
오히려 담담하게 세상을 위로한다
진 것은 이세돌이지 인류가 아니라고.

밀려드는 적들 속에 홀로 선 고독한 검
머리카락 빈틈을 빛살처럼 찔러간다
그렇게 세 번 지고도 네 번째는 이긴 용사

천 수백의 컴퓨터가 적을 돕던 종국까지
'나'를 이긴 빈 가슴엔 파문조차 없었다
지구의 진짜 주인이 활짝 웃고 있었다

결 고운 샘물이 되어
-蘭臺* 선생님 팔순을 축하드리며-

옥계 상천 진선(眞仙)이 달빛으로 내려와
파주 골에 난대(蘭臺) 지어 천년 꿈 단장하고
결 고운 샘물이 되어 굽이굽이 흐르시다

졸졸졸 물 흐르듯 낭랑하신 그 목소리
학림(學林)에 청풍 일어 잎새마다 눈을 떴지
물속엔 은어 떼 놀고 노루 사슴도 모여들고

국어교육 크신 뜻에 채찍 들고 앞장섰네
세월에 씻은 마음 한자(漢字)쓰기 시조 생활
오히려 해맑은 몸짓은 다시금 소년이신가

낮은 곳을 채우시고 비로소 목 축이는
물을 보면 님 같은 물, 님을 뵈면 물 같은 님
세상사 깨끗이 닦고 명상처럼 잔잔하네

*난대(蘭臺) 이응백(李應百)(1923- 2010) 서울대 사범대학 국어교육과 교수. 국어교육학자. 국어교육학을 개척하셨으며, 정년퇴임 후 한자교육 운동과 시조 생활화 운동에 앞장서셨다. 필자의 은사님이시다.

난향蘭香으로 번지는
  -時調의 일생, 유성규 박사 팔순에

경건 속에 새겨온 외줄기 발자국은
쇠 두드려 벼려낸 보검의 서슬인가
오연히
두 어깨 위에
걸머진 단심(丹心) 한 짐

가슴속 구비마다 갈무리도 마친 오늘
당신의 대나무 숲에 이슬비 저 가락은
시조여
난향 번지는
겨레의 서정일레

토기 같은 순박함으로
   - 韓淳輔 시인의 팔순을 기리며-

먼 세월 달려와서 돌아서신 당신은
봉산 땅에 탈춤 추는 말뚝인가 취발이신가
내밀한 역사의 함성에 가슴마저 저미셨네

경주고도 토기 같은 지긋한 순박(淳朴)으로
생각하면 국치(國恥)상잔(相殘) 매서운 채찍 속에
외줄기 숙명을 밟고 새 의미를 빚으셨지

시냇물 흘러 흘러 더 큰 강물 이루라고
시대의 동녘에서 교편(敎鞭)을 휘두르며
한 평생 제자 사랑이 분초(分秒)마다 영글었네

다시금 시조 사랑은 마음 탑에 새긴 숙명
배달의 후광(後光)인가 살 지우신 그 서정은
찬란한 햇살 아래로 물무늬로 번져가리

남해를 품으신 분
-김봉군 교수 고희를 축하하며

남해 금산 보리암 점점(點點)섬 바라보며
작은 가슴 큰 뜻 품어 남해를 삼키셨네
인생길 진실을 찾아 신발 끈을 조이더니

문학의 숲 철학의 늪 종횡무진 누비며
계단을 뛰 오르던 수사슴의 푸른 녹각
끝내는 신앙에 젖어 영혼마저 다듬었네

처음 먹은 심정으로 지극정성 제자교육
큰 학문 이루시어 세상을 밝히시매
촌철(寸鐵)의 붉은 마음은 육신조차 이기셨네

뜻보다 세월이 짧아 어느덧 고희런가
경륜이 깊어지듯 지혜 또한 두터워라
이제는 고운 노을빛 넓은 세상 밝히소서

세월 저편에 잊은 사람

세월 저편에 잊은 사람 눈(雪) 속에 살고 있네
고적한 안개 속에 펄펄 눈 내리면
생신 듯
속눈썹 떨며
다가서는 사람아

뒷골목을 휘몰아치는 바람이 차가운 날
어둠 속을 장난질 치듯 뒹굴던 강아지를
저 하늘
달무리처럼
지켜주던 사람아

푸른 눈 내리던 날 눈 속으로 떠나갔지
새순이 손을 펴듯 몸살 기운 아릿한데
이제는
섭리의 강가에
물소리로 숨은 사람

분실 紛失

세월의 간이역의
분실물계를 들러본다

풋풋한 내 사유의
옹달샘이 예 있을까

새까만
감성 뒤편에
숨어버린 계절들아

한계선 근처

장미는 그 가시로 무엇을 지키려나

염소는 두 뿔로 또 무엇을 보호하리

어제는 내 벗 치용이가 목숨을 놓쳤다네.

민낯

하루의 등허리를 정으로 쪼아낸다
부서지는 타성 속에 드러나는 민낯으로
밤새워 노를 저으며 토라*의 강을 건넌다

*토라는 성경에 나오는 모세의 율법을 가리키는데 여기에서
는 비유적으로 썼다.

정말 이럴 수가
　-먼저 간 벗에게

60년을
함께 웃던
네 모습 그 진실이

점으로
그림자로
섭리 뒤에 숨었는가

가슴이
미어터진다
내 살 같던 사람아

먼저 간 벗에게
  -鍾贊 兄을 그리워하며

대학 때 처음 만나 굽이굽이 반세기를
찬성과 공감 속에 구름같이 두텁던 정
폐암이 그리 아프더냐 선한 눈매 친구야

어질고 어깨도 넓어 매양 앞서 갔었지
시월의 강물 위에 노을이 익어가고
하늘엔 초승달 홀로 쓸쓸히 걸렸구나!

박찬옥 누님을 생각하며

월계수 잎 사이로 누님 모습 떠오른다.
그 마음 은빛 여울은 진주처럼 반짝였지
날마다 진실을 풀어 투망하던 하얀 소매

고단한 가슴마저 한 갈래 기쁨으로
피라미 버들치 튀고 쉬리도 헤엄치고
물결도 어깨 춤추며 하나 되던 날들이여

반짝이는 눈빛으로 고른 이 드러내고
정 담긴 이야기마다 물무늬가 찰랑였지
웃음은 장미꽃 송이 맑은 향도 감돌아라

도봉산 바위 봉을 물들이는 햇살처럼
모두의 가슴들을 부드럽게 감싸더니
오늘은 그리움 번지는 저녁놀이 되셨어라

김수환 추기경님 선종善終에 부쳐

언젠가는 녹을 것이 자꾸만 얼어붙었다
그리하여 노을마저 속절없이 져 버린 날
세월은 어둠 속으로 제 모습을 잃더란다.

눈물은 얼어붙고 악기는 짜증을 내고
맷돌질도 멈추던 겨울이 흐르는 강가
당신은 모서리 잡고 손수레를 밀고 있다.

하늘이 너무 좋아 박꽃처럼 피어난 분
이슬마다 달을 품듯 우리 모두 사랑을 품고
언제나 낮은 목소리로 당신 이름 불러 보리

해체(解體)*가 떼로 몰려오는 종말의 근처에서
새 하늘이 내려오네. 당신의 선종(善種) 뒤에
초저녁 분꽃 향내가 문을 열고 밀려오듯.

*포스트모더니즘 가운데 한 종류의 사조.

7부 별이 빛나는 밤

설날 새벽에

새날이 눈 비비자 어둠이 물러선다
가슴엔 소망 한 되, 손에는 미련 한 줌

그마저
서광(曙光)에 가려
몸무게도 없어라

새날이 가슴을 열 때

시작은 노상 흑암, 혼돈(混沌)의 소용돌이
그래도 아득히 여명의 물결 적셔오면
희미한 시간의 구도(構圖)가 조금씩 드러나지

큰일의 절반은 인내가 차지하듯
햇살 한 줌 기다리며 땅을 뚫는 작은 씨앗
그렇게 의지 한 송이 배시시 피어나리

마침내 햇살의 물결 동해처럼 요동치리
온 누리 꽃송이들 여윈 가슴 살 오르고
내 마음 찻잔 둘레엔 꿈의 물결 찰랑이리

언제나 청년

나태와 무관심이 쌓일 틈이 아예 없다
첫날밤 촛불 같은 경이로운 떨림으로
밤새워 심지 돋우며 신神의 땅을 파고 있다

사춘기 어른

산동네 골목길도 군데군데 문이 있고
하늘은 단 한 번도 닫힌 적이 없는데
스스로 울타리 치고 비에 젖는 '나'란 사람

목숨

쌍계사 꽃길 따라 솟구치는 색욕으로
졸졸대는 개천 멀리 볕 뜨거운 바위에서
비좁은 틈새 가르며 뿌리내린 외솔일례

별이 빛나는 밤

캄캄한 밤이라야 먼 곳을 볼 수 있다
가난과 질병까지 소중히 안고 가리
고난은
별이 빛나는 밤
신(神)의 말씀 듣는 시간

침묵

코로나 손잡았다 식겁을 한 가슴으로
답 없는 하나님의 매번 죽는 죽음 따라
영원을 만져본 사람이 찾아가는 외길이다

여름 숲에서

자기만 보는 사람
모두를 보는 사람

다른 곳을 보는 이들
같은 곳을 보는 이들

저마다
제 표정인데
한 하늘을 우러르네

눈앞만 보는 사람
먼 곳도 보는 사람

빗소리 바람 소리
큰 나무 작은 풀꽃

조물주
기척 소리는
그 누가 듣고 있나

탈각脫殼의 계절

바람이 불어온다 구름이 몰려온다
처음 너를 대하던 시時와 공空의 교차점에서
불현듯 회귀回歸의 유전자가 잉태되고 있었다

속살 깊이 보듬어온 천년의 진주 알
비로소 껍질 찢어 달빛 아래 반짝이고
가슴엔 피아노 소리 출렁이고 있었다

노인의 눈매처럼 탈속한 계절 속에
본향本鄕 근처 찰랑이는 어린 날 그 그림자
탈각脫殼의 진홍빛 아픔이 요동치고 있었다

치통 철학

이빨이 아파 온다. 의사는 풍치란다
갈매기도 홀로 우는 이승은 고도의 섬,
진통제 죽염을 물어도 낫는 기색이 전혀 없다

누구의 말마따나 그만 먹고 죽으란 건가
유한(有限)에 반항하는 세포들의 저 아우성
무의식 저 안쪽에서 쿠데타가 일고 있다.

존재의 강 저 너머 생명의 뿌리를 타고
영혼을 짓누르며 적군처럼 밀려온다
온종일 목숨이 아파 오열하는 육신아

불완전하게 만드셨던 조물주의 깊은 속내
천만년을 앓으시는 외사랑의 통증이
내 마음 죄의 바다에 여울지는 울림이다

달밤

1
긴 세월
아주 조금씩
깁고 또 보태다
달빛은
연못 가득
아련히 개 짖는 소리
저마다
세상을 잊고
제 꿈속에 살고 있다

2
긴 세월
아주 조금씩
지우고 또 털어내다
달무리
텅 빈 마음
나뭇잎도 떨어지고

별들이
잠든 숲 속에
견성(見性)하는 아날로그

시대의 자화상

도살장에 끌려가는
화물차 위 돼지 떼

몸 가누기도 어려운
틈바구니 밀치고

과감히
암컷 등에 올라
용을 쓰는 살진 수컷

보름달을 바라보면

보름달을 바라보면 둥그렇게 살고 싶다
가까운 벗을 불러 술 한 잔에 담소 안주
그 옛날
꿈속 둘레로
별 총총 띄워놓고

보름달을 바라보면 금빛 속에 살고 싶다
두 팔로 안으시던 어머니와 옥토끼와
온 동네
달무리 안에서
환한 웃음 가득했다

겨울나무

1
역사의 돌풍 속에
회색 문명이 발효한다

완강한 빌딩 숲
강변에는 갈대 울음

나무는
빈손을 들고
어둠 속에 떨고 있다

2
모든 것을 다 말하지는 않는다

어디선가 샘물 소리
속마음 축이면서

하현달

눈부신 속살
거울처럼 담고 산다

3
반짝이는 물속에도 당신이 계심을

속세의 나무들도
귀 기울여 듣노라면

창생의
아우성 뚫고
먼 하늘 종이 운다

4
무심이 본업이라
겸손해 본 적이 없다

가난한 어깨 위에

여명(黎明) 한 조각 짙어지고

껍질로
옷 차려입은
신(神)들이 모여 산다.

아날로그의 오월

바람 불면 나무들은 온몸으로 태질친다

잔가지는 가볍게 큰 줄기는 무겁게 퍼들쩍 퍼들쩍 온몸으로 태질친다. 소녀의 입술처럼 반짝반짝

반짝이는 잎새들, 한 호흡 한 호흡 호흡마다 쏟아내는 생명의 아우성. 바람이 불 때마다 화들짝 흩어졌다가 새떼처럼 모여드는 아날로그의 입자들. 그 아픈 순수여.

원시의 하늘 아래 모여서 모여서 스케이팅 왈츠 추는 나무여, 나무의 무리여.

백마 탄 오월이 월계관 쓰고 사과 같은 뺨으로 활짝 웃으면 돌들도 일어나서 환성을 지른다.* 호산나 호산나, 야야— 와와— 문명의 때를 말끔히 씻어내고 이제야 드러나는

오월의 속니, 아, 아날로그의 오월, 오월이여.

푸르게
노래 불러라

빛 무리로 부활하라

*누가복음 19:4

연鳶
-그리운 어머니

한 매듭에
가지런히
세 줄이 매달린다

천방지축 천지사방을 물결처럼 마구 뛰쳐나가는 치열한 저 몸짓들, 아득한 나락 천애(天涯)의 벼랑길을 넘어질 듯 쓰러질 듯 휘청휘청 아슬아슬, 모든 몸짓 모든 설움, 타고난 모든 지랄, 한 줄로 한데 모아 실 끝에 매달린다. 그렇게 연은 조금조금 하늘 높이 떠오른다. 하늘이 좋아, 세상보다 무서운 업장(業障)의 하늘이 더 좋아. 멀리멀리 날아가 버리고 싶다. 바람 타고 바람을 타고 저 푸른 소망의 한계 그 너머까지 넘실넘실 날고 싶어. 실속으로 전해오는 육정(肉情)을 감촉하며, 은밀히 몰래몰래 기대를 호흡하며, 곤두박질쳐 추락하지 않도록 실의 손을 꼭 잡고

오로지

사랑을 이어주는
어머니 손을 꼭 잡고.

■ 평설

밝고 온건하고 부드러운 시조세계

원용우
(시조시인, 교원대학교 명예교수)

　시조는 7백 년 이상의 역사를 지닌 우리의 고유문학이다. 조상이 물려주신 그 유산에서 조선 냄새가 물씬 난다. 이 장르의 특징은 그 외모가 정형시라는데 있다. 일정한 형식과 율격을 지니고 있다는 것이다. 그 정형성을 3장 6구 12소절이라 부른다. 그것을 잘 지키면 우리 것을 사랑하는 전통시조시인이 되고, 그것을 안 지키면 시조의 전통을 허무는 파괴자가 된다. 시조의 전통을 허무는 사람들은 자유시 비슷하게 써놓는다. 그러면서 시조를 혁신한다고 주장한다.
　이번에 이석규 시인께서 『20세기에서 온 편지』라는 시조집을 상재한다는 소식을 전해 왔다. 제목이 우선 사람들의 호기심을 끈다. 필자는 그동안 이석규 시인과 교유하면서 그분의 인생관과 시조관을 접할 수 있었다. 무엇보다도

긍정적 인생관을 지닌 분이다. 사물을 좋게 바라보고 좋게 해석하려는 마음가짐을 지니셨다. 선생께서 보내온 원고들을 섭렵하고 통독해 보니 작품 전반에 밝은 기운이 흐른다. 그 분위기가 온건하고 부드러운 느낌을 준다.

또 한 가지 작품을 통해서 보면 이석규 시인을 전통시인, 정격시인, 잔재주 부리지 않는 시인이라 규정할 수 있다. 그러면서 착상이 기발하고 내용에 혁신을 가져오고, 표현 기법에 능란함을 보여준다. 한마디로 정도를 걷는 분이다. 흐트러짐이나 허점이 보이지 않는다. 자기 계발을 위하여 부지런히 노력하고 공부하는 분이다.

작품세계는 너무 넓어서 한마디로 정의하기는 어렵다. 그렇더라도 작품 전반에 흐르는 기조는 '그리움'이다. 이 그리움의 정서를 빗대어 표현한 것이 아니라 직접 언급해서 강렬하다는 느낌을 받는다.

① 몽글몽글 피어나는 연초록 그리움을 (나의 4월, 제1수, 초장)
② 하늘은 깊고 그리움은 더 깊어서 (가을, 청평호 근처에서, 제2수, 중장)
③ 그리운 이 멀리 두고 또 하루를 접는다. (늦가을 비, 제2수, 초장)
④ 먼 기억 그리운 날들 우연처럼 피어난다. (수덕사를 지나며, 제1수, 종장)

⑤ 햇살은 엷게 퍼지고 그리움 살랑 일고 (정이, 제2수, 종장)

⑥ 그 깊은 하늘 그리움 노을빛 머금었네. (장미떨기 송, 제2수, 종장)

⑦ 숙명의 저 능선 위로 그리움 익어가고 (시월의 발자국 소리, 제1수, 중장)

⑧ 연둣빛 그리움에 아이 밴 버드나무 (봄날, 그리고 물, 중장)

⑨ 꽃잎의 진액에선 그리움이 검출된다. (목련꽃, 초장)

⑩ 오늘은 그리움 번지는 저녁놀이 되셨어라. (박찬옥누님을 생각하며, 제4수, 종장)

시조를 읽다 보면 직접 '그리움'이란 단어를 언급하지 않았어도 그리움의 정서를 느끼게 하는 시문장을 접하게 된다. 이런 것을 함축성 있는 표현이라 해도 좋을 것이다. 그러나 위에 예로 든 것은 그 시문장 속에 '그리움'이란 단어를 언급해서 노출시킨 경우를 들어 보인 것이다. 어쩌면 이 그리움의 정서는 이석규 시인의 시를 형성하는 대표적 정서가 아닌가 하는 생각이 든다.

그리움이란 사람을 설레게 하고 마음을 살찌게 하는 좋은 요소이다. 다시 말하면 마음의 부자를 만드는 영양소이다. 이러한 전제 하에 그의 작품세계를 탐색하고 밑그림을 그려보고자 한다.

1. 시절가(時節歌)

    내 마음 계곡 따라 눈 녹은 물 흐르고
    바람 새는 까치집에 햇살 한 줌 내리는 날
    산수유 껍질을 찢고 고개 쏘옥 내미는 봄
                           - 「어떤 春分」 全文

    산골짝 잔설 위에 토닥토닥 빗소리
    가슴 젖는 대지는 세포마다 창을 열고
    마른 풀 대궁이 속에 어린싹 물 긷는 소리
                              - 「봄비」 전문

  시조는 시절가조에서 나온 말이다. 그래서 시조를 시절가라 부르기도 했다. 이 단원에서는 그 시절가에 해당하는 작품들을 논의해 보고자 한다. 작품집 제1부에는 시절가에 해당하는 작품들을 배열하였다. 그 제목이 「어떤 춘분」, 「눈엽」, 「아직 내 3월은」 등인데, 제목에서 시절가 냄새가 난다.
  시조의 소재가 되는 것은 자아의 체험과 상상력이다. 체험보다는 상상력의 비중이 높아야 문학성이 뛰어나다고 한다. 위에 예로 든 작품 「어떤 춘분」은 상상력을 동원한 시조이다. 그 상상력이란 것도 체험에 바탕을 둔 것이지, 체험과 완전히 결별하게 되면 그 상상력은 헛것이 되고 만다.
  이 작품 「어떤 춘분」은 육안에 보이는 실제 세계를 그렸다기보다는 마음의 눈, 즉 심안(心眼)으로 본 것을 그린 것이다. "내 마음 계곡 따라"라는 제1구가 그것을 증명해 준다. 그 외도 "바람 새는 까치집", " 눈 녹은 물 흐르고", "산수유 껍질을 찢고", "고개 쏘옥 내미는 봄" 등이 심안에 포착된 것들이다. 특히 종장은 작품의 전결부(轉結部)인데, 작품의 성패가 이 전결부에 달려 있다 해도 과언 아니다. 이 작품의 종장 "산수유 껍질을 찢고 고개 쏘옥 내민 봄"은 가구(佳句)이다. 마치 등산객이 산 정상을 치고 올라가듯이 치고 올라간 통쾌함을 맛보게 된다.

제2수의 제목은 「봄비」이다. 제목은 작품의 주제를 암시해 준다. 이 작품의 주제는 봄비가 오더니 생명의 소리가 들린다는 것이다. 그 모습을 "가슴 젖는 대지는 세포마다 창을 연다."라 했고, "마른 풀 대궁이 속에서 어린싹의 물 긷는 소리"가 들린다고 표현하였다. 마른 풀 대궁이 속에서 어린싹이 물 긷는 소리를 들을 수 있는 것이 시인의 '귀'이다. 일반인이 못 보는 것을 보고, 일반인이 못 듣는 것을 들을 수 있는 것이 시인의 영적 감각이다. 이런 것을 작품에서 허구라 하는데, 이 허구의 세계가 시조를 시답게 만든다. 이 작품은 그 허구의 세계를 그렸기에 시적으로 성공한 것이다. 남들이 흉내 낼 수 없는 장면을 연출해낸 것이다.

    하늘이 가슴 열고 은하수를 뿌려댄다
    가로수 논과 밭은 별 떨기로 반짝이고
    콩대며 옥수숫대가 허리 펴고 춤을 춘다.
                    - 「7월 장마頌」 제2수

이번에는 시절가 중에서 여름노래를 예로 들었다. 제목이 「7월 장마頌」이니, 그 장마를 칭송하는 의미가 담겨 있다. 그래서 소나기가 쏟아지는 장면을 하늘이 가슴을 열고 은하수를 뿌려댄다고 보았던 것이다. 수사법상으로는 미화법(美化法)을 구사한 것이다. 또한, 비유법도 함께 쓴 것이다. 소나기가 오는 장면을 은하수가 뿌려대는 것에 비유한 것이다.

이러한 논조는 중장에 그대로 이어진다. 중장에서는 가로수나 논과 밭이 별 떨기로 반짝인다고 보았다. 그렇게 보고 아름답게 표현한 것을 미화법이라 이해해도 좋다. 그 모습을 별 떨기라 한 것은 최상의 찬사를 보낸 것이다. 그 모습을 별 떨기라 한 것은 비유법에도 해당한다. 아울러 이 작품은 선경후정의 관계로 구성되었다. 초장과 중장은 선경에 해당하고 종장은 후정에 해당한다.

종장에서 "콩대며 옥수숫대가 허리를 펴고 춤춘다."라고 한 것은 후정의 표현이다. 아울러 감정이입의 수법을 쓴 것이다. 그래서 실제로 춤춘 이는 시적 자아라 생각된다. 옥수숫대는 무정물이다. 그 무정물이 어떻게 좋아서 춤을 추겠는가? 이 후정은 자아의 느낌을 적은 것이다. 사물을 아름답게 보고 좋게 해석하려는 시인의 인생관이 반영된 것이다.

  하늘도 가슴이 젖나 바람이 차가운데
  한숨 같은 가을비 비가 내린다

옷 벗은 산수유 혼자 젖꼭지를 떨고 있다.
- 「늦가을 비」 제1수

이 「늦가을 비」라는 작품은 3수 연시조인데, 제1수를 인용하였다. 이 작품은 제목이 암시하는 것처럼 가을노래, 즉 추사(秋詞)이다. 이 작품의 계절적 배경은 제목 그대로 늦가을이고 공간적 배경은 산수유나무를 바라볼 수 있는 위치이다. 이 작품도 선경후정의 구조를 지녔는데, 선경에서는 비 내리는 장면을 배치하였다. 비가 얼마나 내렸는지 모르지만 '하늘도 가슴이 젖나'라는 표현을 하였다. 비만 오는 것이 아니라 바람도 차갑다는 것이다. 그리고 그 비를 한숨 같은 가을비라고 하였다.

그 표현을 보면 자아의 심적 상태가 저기압이란 생각이 든다. 왜냐 하면 한숨은 일이 잘 안 풀릴 때 전망이 흐릴 때 나오는 현상이기 때문이다. 그러나 자아가 진정으로 하고 싶은 이야기는 종장에 내포되었다. 옷 벗은 산수유 혼자 젖꼭지를 떨고 있다는 것이다. 젖꼭지를 떨고 있다고 하는 이야기는 온몸을 떨고 있다는 해석도 가능하다. 이렇게 온몸이 떨릴 정도의 사연이 있었기에, 중장에서 "한숨 같은 가을비"라는 표현을 하였다. 그러면 여기에 나오는 '젖꼭지'는 무엇을 상징하는 말인가. 그것은 빨갛게 익은 산수유 열매를 빗대어 표현한 것이다. 이 종장의 표현은 그야말로 멋지다. 더 이상 이야기하면 사족이 된다.

> 잔가지 두세 가닥 찬바람에 떨고 있다
> 손 모아 꼭 감은 눈 속눈썹이 파르르
> 터지는 진홍빛 울음 겨울이 찢어진다.
>
> -「홍매화」全文

　이 작품의 제목은「홍매화」이다. 계절적 배경은 겨울이고 공간적 배경은 실외이다. 그런 점에서 이 작품은 겨울노래, 즉 동사(冬詞)에 해당한다고 본다. 초장은 "잔가지 두세 가닥/ 찬바람에 떨고 있다."라고 되어 있는데, 이 초장에는 "찬바람에"라는 말이 나온다. 찬바람이 불 때면 계절이 겨울이라는 이야기다. 그러니까 이 홍매화 꽃은 바로 잔가지 두세 가닥에서 피어난다는 이야기다.

　중장에서 "손 모아 꼭 감은 눈"은 기도하는 자세이다. 무엇인가 간절히 염원하는 바가 있을 때 이런 자세를 취한다. 거기에 "속눈썹이 파르르" 떤다고 하였다. 얼마나 절실하면 속눈썹까지 떨게 된다는 말인가? 예부터 지성이면 감천이라고 하였다. 그 염원하는 바는 하늘도 들어준다는 의미이다.

　그 결과 종장에서처럼 홍패화가 피어나게 되었다. 그 모진 추위를 극복하고 피워냈으니 얼마나 자랑스러운가? 그 꽃이 피어나는 장면을 "터지는 진홍빛 울음"이라고 표현하였다. 너무나 힘들고 어려운 산고를 겪었기에 웃음이라 하지 않고 진홍빛 울음이라 표현했던 것이다. 나뭇가지가 찢어지면서 꽃이 피어난 것이 아니라 겨울이 찢어지면서 홍매화 꽃을 피어낸 것이다. 이러한 아픔은 아무나 맛볼 수는 없다. 아픔은 아픔인데 희열을 주는 아픔이라 생각한다.

2. 그리움의 정서

> 마음을 비운다만 네 손 놓긴 정말 싫다
> 연초록 비단 같은 봄 강물이 흐르는데
> 한 마음 담았던 자리 바람이 새고 있다.
> 　　　　　　　　　　　－「너를 보내며」 전문

　이 작품의 제목은 「너를 보내며」이다. 제목 그대로 이별할 때의 감정이 잘 그려져 있다. 미술은 색채로 그림을 그리지만 문학은 말로서 그림을 그린다. 이 작품도 그림이 잘 그려진다. 이미지가 있다는 이야기고 형상화가 잘 되었다는 이야기다. 그런데 많은 작가들의 작품을 대하다 보면 그림이 안 그려지고 시상이 막히는 작품들이 많이 있다. 이런 작품은 그 작품 자체에 어딘가 병이 있다고 보아야 한다. 그 병을 정확하게 알아내고 고쳐야 하는 것이 시조를 공부하는 사람의 몫이다.

　초장에서는 "마음을 비운다만 네 손을 놓기는 정말 싫다"라고 고백하였다. 마음을 비운다면 모든 것을 내려놓아야 하는데, 그것이 뜻대로 안 된다는 이야기다. 심리 묘사를 잘했다는 생각이 든다. 중장에서는 주변 상황과 분위기를 배정하였다. 계절은 아름다운 봄이고 강물도 자연스럽게 흐르고 있다는 것이다. 이런 상황에서 둘의 관계는 합의를 이루고 순조롭게 진행되어야 하는데, 무엇인가 어긋나고 헤어져야 하는 사태가 벌어진 것이다. 그것을 종장에서 한마음 담았던 자리 바람이 새고 있다는 표현을 하였다. 이 문장에서 시조 종장의 묘미를 맛보게 된다. 잘 안 되고 있다는 것을 바람이 새고 있다는 표현을 하였다. 이 종장에 방점을 찍어주고 싶다.

> 어릴 적 눈이 온다 사락사락 속삭이며
> 문명도 가만가만 목소리를 낮추는 밤
> 동화 속 화롯가에는 이야기가 익고 있다
> - 「동짓날 저녁」 전문

　이 작품은 미래로 전진하는 것이 아니라 과거로 회귀하는 성격을 지녔다. 그 옛날 동짓날 저녁에 있었던 일을 상기시키고 있는 것이다. 그 어린 시절 눈이 내리었는데 사락사락 소리 내며 눈이 내리었다는 것이다. 흰 눈이 내리는 아름다운 밤을 배경에 설정해 놓았다. 그 동짓날 저녁은 요란하고 시끄러운 밤이 아니라 문명도 목소리를 낮추는 그런 밤이었다. 문명의 냄새는 멀어지고 자연의 냄새가 물씬 나는 그런 시골이었다. 직설적으로 표현하면 도시생활을 한 것이 아니라 농촌생활 했다는 이야기다.
　이 시조를 읽으면 마치 동화책을 읽는 느낌이 든다. 그래서 종장에서는 "동화 속 화롯가에는 이야기가 익고 있다."는 표현을 하였다. 얼마나 생생했으면 옛 이야기가 익고 있다는 소리를 했겠는가? 우리가 어렸을 때 긴긴 겨울밤 또래들이 화롯가에 모여서 재미있는 옛날이야기 하면서 군고마를 먹던 생각이 떠오른다. 이 작품의 메시지는 그 시절이 아름답고 그 시절이 그립다는 의미이다.

> 초록빛 바람 속에 초록빛 비를 뚫고
> 우산 속 뛰어들어 팔짱 끼는 사람아
> 머릿결 연초록 향이 코끝을 스치운다.
>   - 「오월의 우산 속」 제1수

이 작품의 배경은 계절의 여왕이라 일컫는 5월이다. 그래서 초록빛 바람 속에 초록빛 비를 뚫고 간다는 표현을 할 수 있었던 것이다. 이처럼 좋은 계절이기에 자아에게는 좋은 일이 전개될 것이라는 상상을 할 수 있다. 그 사건이 우산 속으로 뛰어들면서 팔짱 끼는 여인이 나타났다는 사실이다. 이것은 둘의 관계가 아주 가까워졌다는 것을 의미해 준다.

종장에서는 "머릿결 연초록 향이 코끝을 스치운다."라고 하였다. 얼마나 좋은 여인이면 이러한 표현을 할 수 있을까. 이것은 상대에 대한 좋은 감정을 간접화법으로 나타낸 것이다. 한마디로 시적 감성을 발휘한 것이다. 그 이면에는 "아쉽고 그립다"라는 서정이 포함되었을 것이다.

> 대학 때 처음 만나 굽이굽이 반세기를
> 찬성과 공감 속에 구름 같이 두텁던 정
> 폐암이 그리 아프더냐 선한 눈매 친구야
>
> 어질고 어깨도 넓어 매양 앞서 갔었지
> 시월의 강물 위에 노을이 익어가고
> 하늘엔 초승달 홀로 쓸쓸히 걸렸구나.
> 　　　　　　　　　　　-「먼저 간 벗에게」 전문

　이 작품은 제목 그대로 먼저 간 벗을 그리워하면서 감회를 적은 것이다. 부제는 '鍾贊 兄을 그리워하며'라고 되어 있다. 우리가 한평생 살아가노라면 숱한 인물을 만나고 교유하고 헤어지면서 살아가게 된다. 그러나 이 종찬이란 친구는 이미 떠나보낸 상태이고, 그것이 안타깝고 그리워서 작품으로 승화시킨 것이다.

　제1수에서는 다음과 같은 정보를 알 수 있다. 이 친구를 대학 때 처음 만났고, 꾸준히 교유해서 50년 세월이 지났고, 의기투합해서 뜻이 맞는 친구이고, 구름같이 두터운 정이 들었고, 폐암으로 고생하다 떠난 친구라는 사실이다. 그래서 종장에서는 "폐암이 그리 아프더냐 선한 눈매 친구야"라고 외쳤다. 이 친구를 잊을 수 없다는 것이다.

　제2수에서는 이 친구가 어떤 인물인지 알려주고 있다. 평소에는 솔선수범하던 친구라는 것이다. 어질고 어깨가 넓은 친구이고, 매양 앞장서서 이끌어가던 친구라는 것이다. 시월의 강물 위에서 노을이 익어가는 것처럼 아름답고

완숙한 경지에 이른 친구라는 것이다. 그런데 종장에서는 "하늘엔 초승달 홀로 쓸쓸히 걸려 있다"라는 표현을 하였다. 이때 초승달은 종찬 형을 대신하는 상징물로 이해된다. "홀로 쓸쓸히 걸렸구나"라는 구절에서 그러한 해석이 가능하다.

3. 가족애

> 냇물 속 햇살처럼 장난질 여념 없네
> 몸짓마다 피어나는 꽃송이 꿈 송이들
> 밤톨로 여무는 소리 내 가슴 울려오네.
> － 「손주 3」 전문

  옛날 전하는 말에 '수신제가' 이후 '치국평천하'란 말이 있다. 우선은 자신을 잘 닦고 집안을 잘 다스리는 일이 제일이란 이야기다. 이 작품의 제목은 「손주 3」이다. 손주가 귀엽고 손주가 희망이란 것이다. 부제가 '다섯 살 하윤이'라 되어 있는데, 그 나이 때면 누구나 장난이 심하다. 그것을 초장 제2구에서 "장난질 여념 없네"라고 하였다. 얼마나 귀여운지 몸짓마다 꽃송이가 피어나고 몸짓마다 꿈송이가 피어난다고 하였다. 이 손주에게 그만큼 기대하는 바가 크다는 것이다.
  종장은 이 작품의 핵심이요 결론이요 절정이다. "밤톨로 여무는 소리 내 가슴에 울려오네."라고 하였다. 그 아이에게서 밤톨로 여무는 소리가 들린다는 것이다. 야무지고 단단하게 잘 자라고 있다는 뜻이다. 그러니 내 가슴이 울린다는 감탄사가 나올 만하다. 이만한 손주를 슬하에 두었다는 것은 천하를 얻은 것과 마찬가지이다.

> 사춘기도 어려운데 늙기는 힘 안 들겠나
> 아침에 곱던 얼굴 저녁놀 물이 드네
> 오로지 순리에 사는 나뭇잎을 닮는구려.
> - 「회갑을 맞는 당신에게」 전문

이 작품에서는 아내를 사랑하는 냄새가 물씬 풍긴다. 아내의 연치가 회갑을 넘고 있다는 것이다. 아내가 회갑을 넘길 정도면 평생 동고동락해온 짝이란 이야기다. 미운 정 고운 정 다 들었다는 의미이다. 사람이 살아가는 데는 여러 가지 구비가 있다. 힘들게 넘어야 하는 고개가 있다는 뜻이다. 사춘기도 넘기 힘든 고개이지만 노년기도 넘기 힘든 고개이다.

중장에서는 "아침에 곱던 얼굴 저녁놀 물이 든다."라고 하였다. 아침을 인생에 비유하면 젊고 예쁘고 싱싱하던 때이다. 저녁놀이 물들 때는 인생이 기울어진 때이고 마지막을 장식하는 때이다.

종장은 이 작품의 전결부이다. 자아가 진짜로 하고 싶은 이야기는 바로 이 종장에서 털어놓기 마련이다. 종장은

"오로지 순리에 사는 나뭇잎을 닮는구려."라고 되어 있다. 종장의 전구에서는 오로지 순리에 산다는 것을 강조하였다. 『명심보감』을 보면 "爲善者는 天報之以福하고 爲不善者는 天報之以禍니라"라는 구절이 나온다. 해석하면 착한 일 하는 사람에게는 하늘이 복을 주시고, 악한 일 하는 사람에게는 하늘이 재앙을 주신다는 뜻이다. 이것을 달리 표현하면 순리대로 사는 사람은 하늘이 복을 주시고, 순리를 거역하면서 사는 사람은 하늘이 재앙을 내린다는 뜻이다.

 위의 종장에서 "오로지 순리대로 산다"라는 것은 복 받을 일만 하고서 살았다는 의미이다. 그리고 종장에 나오는 '나뭇잎'은 인간을 비유한 것이다. 인간의 존재나 나뭇잎의 존재나 비슷한 점이 많다. 이 종장에는 아내의 건강과 행복을 비는 의미가 내포되었다고 이해된다.

  산 같고 바위 같던 九旬의 내 아버지
  질곡도 여한도 세월 속에 씻겼노라
  그래도 핏줄이 아파 봄내 슬피 흘러라.
          - 「봄내골 겨울」 제3수

 이 작품의 제목은 「봄내골 겨울」이다. 봄내골은 이석규 시인이 태어나 자란 곳이다. 제3수를 인용했는데 여기에는 "구순의 내 아버지"가 등장한다. 그 아버지를 산 같고 바위 같던 아버지라고 소개하였다. 높고 크신 분이고 바위처럼 꿋꿋하신 분이란다. 아무리 바람이 세차게 불어도 꿈쩍하지 않는 분이다. 그래도 구순을 넘기셨으니, 장수하신 편에 속한다. 그동안 겪으신 인생 풍파는 말로는 설명이 안 될 것이다.

그러나 사람이 구순을 넘겼으면 모든 것을 초월할 때가 된 것이다. 질곡도 여한도 세월 속에 씻겨져 무상무념의 경지에 이른 것이다. 자아가 정말로 하고 싶은 이야기는 종장에 배치하였다. "그래도 핏줄이 아파 봄내 슬피 흘러라"라는 비감한 심정을 토로하였다. "그래도 핏줄이 아파"라는 말은 아무한테나 할 수 있는 이야기는 아니다. 혈연관계는 인위적으로 끊을 수 없다는 뜻이다. 사실 날이 얼마 남지 않은 아버지를 생각하면 핏줄이 아플 수밖에 없는 것이다. 봄내의 계곡물도 슬퍼하면서 흘러갈 수밖에 없는 것이다.

4. 인간애

> 옥계 상천 眞仙이 달빛으로 내려와
> 파주 골에 蘭臺 지어 천년 꿈 단장하고
> 결 고운 샘물이 되어 굽이굽이 흐르시다.
>   -「결 고운 샘물이 되어」제1수

이 작품에는 '난대 선생님 팔순을 축하드리며'라는 부제가 달려 있다. 난대는 이응백 교수의 호이다. 난대 교수는 1923년 파주시 파평면 덕천리에서 출생했고, 1949년 서울

대학교 사범대학 국어교육과를 졸업하셨다. 저서에는 『한글맞춤법 사전』, 『국어교육론』, 『국어교육사 연구』 등이 있다. 문학을 좋아하시어 수필을 즐겨 쓰셨고, 많은 수필집을 발간하셨다.

  초장에서는 주인공 난대선생을 옥계 상천의 진선(眞仙)이라 불렀다. 하늘에 계시는 참신선이란 이야기다. 주인공에 대한 최고의 찬사를 보낸 것이다. 그 진선이 달빛으로 내려와 파주 골에 난대를 지어서 천년 꿈을 단장하셨다는 것이다. 그리고는 결 고운 샘물이 되어 굽이굽이 흘러간다고 하였다. 난대의 학문과 문학이 영원무궁할 것이라는 메시지를 전해 준다.

    경건 속에 새겨온 외줄기 발자국은
    쇠 두드려 벼려낸 보검의 서슬인가
    오연히 두 어깨 위에 걸머진 丹心 한 짐
                      - 「난향으로 번지는」 제1수

  이 작품에는 '시조의 일생, 유성규 박사 팔순에'라는 부제가 달려 있다. 이 작품의 주인공은 유성규 박사이다. 유성규 시인은 1930년 4월 20일 인천시 북구 시천동에서 출생하였다. 그후 서울대학교 사범대학 국어교육과를 졸업했고, 경희대학교 대학원에서 한의학을 이수하여 한의학 박사 학위를 받았다. 1958년 대한민국 수립 경축 전국시조 백일장에서 장원을 하였으며, 1959년에는 ≪한국일보≫ 신

춘문예에 당선되었다. 아호는 시천(柴川)이다. 저서에는 『동방영가』, 『섭리 곁에서』, 『시천시조선집』 등이 있다.

상기 작품 초장 후구에 "외줄기 발자국은"이란 말이 나오는데, 오로지 시조의 길만 걸어오셨다는 의미로 해석된다. 시천시인이 시조에 이바지한 공로는 이루 열거할 수 없을 정도이다. 『시조생활』을 창건한 이래 지금까지도 계속해서 발간하고 있으며, 그 잡지에서 배출한 시조나무만 해도 큰 숲을 이루고도 남는다.

중장에서는 "쇠 두드려 벼려낸 보검"에 해당되는 분이고, 종장에서는 "두 어깨에 걸머진 단심이 한 짐" 된다고 했다. 여기서 단심 한 짐은 시조발전을 위해서 계속해 충성을 다해달라는 당부 말씀으로 이해된다.

5. 시대성

> 광장 앞 세종대왕 옥좌 위에 좌정하고
> 그 아래 큰칼 잡은 충무공의 호연 기상
> 저 멀리 남대문 넘어 한라까지 휘덮는다.
> -「개천절 2019」 제2수

이 작품의 시간적 배경은 2019년 개천절 날이다. 공간적 배경은 광화문 광장이다. 이 광장에 나가보면 역사적 인물 두 분의 동상이 나타나는데, 한 분은 훈민정음을 창제하시고 뛰어난 문화적 업적을 남기신 세종대왕이시다. 그 임금이 옥좌 위에 좌정하시니, 우리나라를 통치하는 지도자는 세종대왕처럼 어질고 덕으로 백성을 다스려달라는 의미가 내포된 것이다.

또 한 분은 충무공 이순신 장군상이니, 장군은 임진왜란 7년 전쟁에서 왜적과 싸우면 백전백승하는 전과를 올리셨다. 장군의 외모답게 갑옷을 입고 큰칼을 잡고 계신다. 작품의 종장에서는 그 장군의 호연 기상이 남대문 넘어 한라산까지 뻗쳐 있다고 하였다. 우리나라는 내우외환으로 어려운 시기인데, 장군의 무서운 기상으로 적들을 물리쳐 달라는 의미가 함축되었을 것이다.

>원혼들의 피울음을 생가슴에 묻으며
>60여 년 녹슨 탄피 눈물로 닦고 씻어
>하나의 도가니 속에 순정으로 녹아내다.
>　　　　　　　　　　　-「평화의 종소리」제3수

이 작품의 제목은 「평화의 종소리」이고 5수의 연시조인데 제 3수를 인용하였다. 이 평화의 종은 평화의 댐 상부에 설치되었는데, 높이가 5m, 폭 3m의 규모로 조성되었으며, 탄피 1만관이 소요되었다. 종의 윗부분에는 네 마리의 비둘기가 조각되어 있는데, 이 중 북쪽을 향한 비둘기는 한쪽 날개가 절반만 남아있다. 떼어낸 절반의 날개는 통일이 되는 날에 붙이기 위해 따로 전시하고 있다. 이 떼어낸 날개의 무게가 탄피 1관이니, 현재의 종 무게는 9999관이라고 한다. 이곳이 파라호 근처인데, 한국전 당시 전투가 치열했던 곳으로 적군이나 아군 10만 명이 수장되었다고 한다.

그래서 초장에서는 원혼들의 피울음이라 했던 것이고, 그것을 생가슴에 묻겠다고 했던 것이다. 그리고 평화의 종을 만드는 재료는 세계 분쟁지역에 가져온 탄피인데, 그것을 눈물로 닦고 씻어서 만들었다는 것이다. 그리고 그 씻은 탄피를 하나의 도가니 속에 넣었다고 하니, 남북이 하나가 되고 세계가 하나가 되어야 한다는 의미가 담겨 있다. 좌우가 하나가 되고 이념을 초월해야 한다는 의미가 내포되었다. 그래서 그 탄피를 순정으로 녹여냈다는 표현도 할 수 있었던 것이다.

이제까지 이석규 시인의 시조집 『20세기에서 온 편지』를 통독하고 감상하였다. 전반적으로 밝고 온건하고 부드러운 느낌을 받았는데, 그분의 인생관과 밀접한 관계가 있다고 판단되었다. 작품의 소재나 내용을 보면 아주 다양한데, 집약하면 자아가 살아온 인생의 축소판, 즉 자서전의 시적 변용이라는 생각이 들었다. 소재나 주제를 나타낼 때 함축적인 표현, 즉 시의 맛이 나는 표현을 즐겨 썼다. 작품의 구조와 율격이 짜임새 있어 꼭 필요한 말만 하는 절제된 모습을 보여주었다. 사상 면에서는 자유와 민주, 정서 면에서는 그리움과 인간애 정신이 바탕에 깔려있었다. 작품적

특성을 다시 열거하면

　①정도를 걷는 정격시인이다.
　②참신성과 상징성이 있다
　③비유법에 뛰어난 작품이 많다.
　④체험과 상상력이 풍부하다.
　⑤말부리기 수법이 능란하다.
　⑥시상을 자유자재로 전개한다.

이외도 장점이 너무 많아서 이루 열거할 수 없을 정도이다. 새로운 시조집 발간을 다시 축하드리면서 가시는 시조의 길에 영광이 있으시기를 빈다.

■ 이석규(李碩珪)
시조시인, 가천대 국문과 명예교수

춘천고등학교, 서울사대 국어교육과를 졸업하고 건국대학교에서 문학석사와 문학박사 학위를 받았다.
무학여고, 경기고등학교 등에서 교사로 재직하였으며 목원대학교 국문과 교수, 가천대학교 국문과 교수를 지냈다.
가천대학교에 재직 시, 학생처장, 인문대학장, 대학원장, 기타, 퇴임 후에는 가천대학교 국문과 석좌교수를 역임하였다.
문단 활동으로는 1990년 유성규 박사의 지도를 받아, 정완영, 박재삼, 김상옥 시인의 추천으로 ≪시조생활≫ 4호에 등단하였다. 세계전통시인협회 전신인 전민족시조생활화운동본부 회장, 한국시조생활시인협회 회장, 세계전통시인협회 수석부회장, (사)한국시조협회 이사장 등을 역임하였다.
현재는 (사)세계전통시인협회 상임고문, (사)한국시조협회 고문, 용인시낭송회 고문으로 있으며, 국제PEN 송운현원영시조문학상 운영위원장, 세계한글작가대회 조직위원으로 있다.

저서로는 『언어의 예술』, 『우리말 의미연구』외 다수, 시집으로 『당신 없는 거리는 춥다』, 시조집 『아날로그의 오월』 등이 있다.
문학상으로는 시천시조문학상, 역동시조문학상, 대은시조문학상을 수상하였다.